SENTINELLES,

PRENEZ GARDE A VOUS!

SENTINELLES,

PRENEZ GARDE A VOUS!

OU

ÉVEIL AUX GOUVERNANTS

ET AUX GOUVERNÉS,

Sur la Loi des Élections,

Sur le Trésor royal,

Sur la Banque de France,

Sur les Emprunts,

Sur les principaux Banquiers et Capitalistes de Paris,

Sur la Compagnie royale d'Assurance,

Et sur les Agents de Change;

Par UN ÉLECTEUR ÉLIGIBLE.

A PARIS,

Chez {DENTU, LIBRAIRE, PALAIS-ROYAL, GALERIE DE BOIS,
{DELAUNAY, LIBR., PALAIS-ROYAL, MÊME GALERIE.

1818.

SENTINELLES,

PRENEZ GARDE A VOUS!

DE LA LOI SUR LES ÉLECTIONS.

Sous un gouvernement représentatif les citoyens sont les sentinelles qui doivent veiller et avertir par le cri d'alarme le Gouvernement, les Chambres et l'opinion publique, de tous les dangers qui peuvent menacer les institutions, comme de tous les abus qui peuvent s'y introduire. Cet avertissement est pour chaque Français un droit comme il est un devoir; nous allons exercer l'un et remplir l'autre.

La loi sur les élections est incontestablement la loi la plus libérale et la plus importante qui ait été rendue. Non-seulement, en effet, elle étend le droit d'élection à tous les Français qui peuvent l'exercer avec discernement et intérêt, mais elle consacre encore un principe nouveau, principe qui forme le complément de l'affranchissement des communes et de la destruction de la féodalité.

Ce principe consiste à mettre les propriétés industrielles au niveau des propriétés foncières. Nous aimons à croire que le ministère qui a proposé ce grand bienfait législatif en a senti toutes les conséquences, et dans ce cas nous lui votons sans crainte de désaveu les remercîments de la France entière, *s'il sait le maintenir.* Cet acte est du petit nombre de ceux qui suffisent pour attirer sur le règne d'un prince les bénédictions des peuples et de la postérité, et qui doivent remplir une des plus belles pages de l'histoire.

Ce grand principe sera une source féconde d'avantages pour la France. Déjà elle s'en est montrée digne et par l'ordre qui a régné dans les dernières élections, en dépit des prédictions de ses antagonistes, et par les résultats qu'elles ont produits.

Tous les biens dérivent de cette loi. En assurant des choix vraiment nationaux, elle influe directement sur la conservation des libertés publiques, sur l'amélioration de notre législation, sur la sûreté des personnes, sur la surveillance de l'administration, sur le développement des sciences, des arts et de l'industrie, et sur-tout sur la bonne formation du budget, bouclier du système représentatif et garantie des propriétés individuelles de tous les Français.

La loi sur les élections est donc pour la France une véritable *panacée* politique.

A peine cependant en a-t-on fait l'heureux essai que certains hommes, qui, comme les femmes laides redoutent la lumière, s'efforcent déjà de lui supposer des dangers, et veulent, sous le prétexte d'améliorations, en atténuer et en paralyser l'action.

C'est à cette occasion que nous nous écrions de toutes nos forces :

Sentinelles, prenez garde à vous!

Français! le jour où l'on porterait atteinte aux garanties qui vous ont été données par cette loi, serait un jour funeste, un jour de deuil pour la nation entière; les hommes qui formeraient cette coupable entreprise se montreraient par cela seul ses plus dangereux ennemis, et l'opinion publique, et les Chambres, et le monarque, devraient s'armer de toute leur sévérité pour repousser avec indignation une tentative aussi audacieuse et dont le succès deviendrait si funeste.

Pour parvenir à leurs fins, ces hommes joindront sans doute à cette proposition quelque modification avantageuse de la loi, telle que l'augmentation du nombre des députés, augmentation juste et utile ; mais défions-nous de ce piége, il est des hommes dont les présents sont funestes :

Timeo Danaos et dona ferentes.

Conservons, maintenons la précieuse loi par tous les moyens légaux qui sont en notre pouvoir. Elle seule peut aplanir la route que doit suivre le char politique ; sans elle, il éprouverait des secousses dangercuses pour ceux-là même, pour ceux-là surtout qui le feraient rentrer dans les anciennes ornières.

DU TRÉSOR ROYAL.

Un des malheurs de notre temps est d'avoir créé une nation d'employés, et ce malheur est également funeste à la nation payante et à la nation payée : à la première en ce qu'il consacre à cet objet des fonds qui pourraient avoir une destination plus utile, et en ce qu'il enlève aux différentes branches d'industrie des hommes qui auraient contribué à leur prospérité ; à la seconde en ce que la vie oisive des bureaux rend au bout de quelques années, ceux qui s'y livrent, incapables d'autres occupations, tandis que des réformes, des changements de ministère, des placements protégés,

les exposent d'un moment à l'autre à se trouver privés de leur état et sans moyens d'en
exercer un nouveau.

Il est temps de mettre un terme à ce double
abus. La bureaucratie a ses finesses à l'aide
desquelles elle sait maintenir son armée au
grand complet, alors que tout lui impose la
loi de la réduire au pied de paix. Par exemple,
est-on forcé de paraître opérer des réformes ?
Un matin les soldats de l'armée plumitive,
des malheureux pères de famille, de pauvres
employés à 12 ou 1500 francs trouvent sur
leur pancarte une lettre de réforme ; mais l'é-
tat-major est conservé ; parfois même ses trai-
tements sont augmentés. Quelque temps après
on nomme un heureux protégé, on a la main
forcée pour un autre, et de protégés en protégés les réformés sont remplacés, les dépenses
sont les mêmes qu'avant la réforme, avec un
surcroît de pensions prises les unes sur les
fonds de retenue, les autres sur ceux publics.

D'autres fois, on fait ce qui s'appelle une
réorganisation. On bouleverse tout, on trans-
porte les commis d'un bureau à un autre, ce
qui offre l'occasion de favoriser tel ou tel in-
dividu. Les employés qui étaient accoutumés
à un genre de travail dont ils s'acquittaient

bien, sont chargés d'une besogne à laquelle ils n'entendent rien. Le travail en souffre, le public fait *queue* et est remis de huitaine en huitaine.

Ainsi : grâce à la *réorganisation*, l'Etat ne paie pas moins, et le service est plus mal fait; mais on a *réorganisé*, ce qui évite pour quelque temps une réforme.

Il n'en sera sans doute pas ainsi de la *réorganisation* d'une partie des bureaux du trésor royal, à l'occasion du paiement des rentes dont la Banque a été chargée. En effet, il y avait, pour ce changement, lieu à réforme à l'égard de ceux des commis chargés précédemment de ce service, bien plutôt qu'à réorganisation.

La nation a droit d'attendre que le produit de cette réforme équivaudra aux sommes attribuées à la Banque pour le nouveau service, et nous ne devons pas douter que nous ne les voyions figurer, au budget prochain, dans le chapitre des économies.

Sentinelles, prenez garde à vous !

A la vérité, la réorganisation a réservé aux bureaux du trésor la délivrance des *bons* sur lesquels les rentiers vont se faire payer à la Banque.

Mais à quoi bon ces bons ? si ce n'est à conserver inutilement des employés pour ce travail surabondant, et à retarder de quelques jours le paiement des rentiers ?

Pourquoi un rentier, porteur d'une inscription sur laquelle on timbre la mention de paiement de chaque semestre, n'est-il pas payé sur la simple présentation de son inscription ? Les réorganisateurs voudront bien sans doute faire connaître l'utilité de leurs bons.

DE LA BANQUE DE FRANCE.

Cette Banque serait beaucoup plus justement appelée la *Banque de Paris*, puisque ce n'est qu'à Paris que s'étend son influence, ou que le crédit de ses billets n'a guère encore franchi les murs de la Capitale.... Mais aussi pourquoi nos grandes villes s'obstinent-elles à méconnaître les bienfaits de cette institution salutaire ? Ainsi passons.

Oui, sans doute, la Banque est une institution salutaire, qui rend d'éminents services à la Capitale et au Gouvernement, et qui pourrait leur en rendre de bien plus grands encore.

Mais, par une fatalité singulière, lorsque

l'industrie prospère, le commerce a peu besoin du secours de l'escompte par la Banque ;
et lorsqu'elle souffre et aurait besoin d'aide,
la Banque diminue l'escompte qui, dans les
moments de détresse, finit presque par se réduire à celui du papier des principaux fonctionnaires de cet établissement, c'est-à-dire,
que la Banque fait précisément le contraire de
ce qu'elle devrait faire (1).

On ne peut se dissimuler que cet inconvénient est notoire et très-grave, et c'est le cas
de crier :

Sentinelles, prenez garde à vous !

Il y a tant d'abus dans les *états-majors* de
tous genres, que je crains encore que celui
que nous venons d'indiquer ne provienne de
l'*état-major* de la Banque.

Si l'intérêt est, en général, le mobile des
actions *humaines,* à plus forte raison doit-il
être celui des actions *financières.* En rédui-
sant, dans les moments de détresse, l'escompte

---

(1) La banque objectera sans doute qu'elle a toujours
escompté, oui, son papier et celui de quelques amis ;
mais que l'on compare l'escompte des temps de pénurie
avec celui des temps de prospérité, et l'on aura la
preuve de notre assertion.

au papier des capitalistes et des maisons de commerce, dont les chefs forment l'*état-major* de la Banque, il est évident que ceux-ci font une excellente spéculation; ils se procurent, à cinq pour cent, tout l'argent qu'ils veulent, dans un temps où l'intérêt est très-élevé et les marchandises en baisse, tandis que, par la diminution ou le refus de l'escompte, ils privent tous leurs rivaux des fonds sans lesquels ceux-ci ne peuvent opérer. Pas si bête !

Depuis qu'il est reconnu que le livre qui contient le plus de *vérités* est l'Almanach Royal, nous en faisons annuellement la lecture. A l'article de la Banque, nous croyons toujours, par une illusion singulière, lire l'almanach des années précédentes, au point que nous savons par cœur les noms de Messieurs les sous-gouverneurs, de Messieurs les régents et de Messieurs les censeurs de la Banque.

Frappés de cette uniformité, nous cherchâmes à nous procurer les statuts de la Banque, persuadés que ces places étaient *inamovibles*. Nous fûmes très-surpris d'y voir, au contraire, que l'on pourvoyait à leur nomination à diverses époques, ce qui nous parut démontrer clairement que, parmi les éligibles, il n'y avait que les élus de capables, puisque c'étaient toujours les mêmes.

Ayant un de ces éligibles pour ami, nous lui en parlâmes dans ce sens; mais il se mit à rire de notre naïveté, en disant que les élections n'étaient plus qu'une vaine formalité, et que, par un accord tacite, les choix étaient convenus d'avance, tellement, qu'à peine y avait-il un exemple de renouvellement dont la cause n'ait été le décès ou la volonté des titulaires. « Mais pourquoi ne faites-vous pas » quelques représentations à ce sujet? » Je m'en garderais bien, répondit-il, « on s'écrie- » rait que je veux *désorganiser* la banque, et » vous n'avez pas d'idée de l'effet que produit » ce mot. »

Ainsi donc, dans les administrations publiques, on désorganise en *réorganisant*; et dans les administrations particulières, on désorganise faute de *réorganiser*! Voilà un mot qui a une singulière destinée!

Au risque de passer, parmi la gente financière, pour désorganisateur, nous nous hasarderons à proposer quelques vues sur l'*état-major* de la Banque.

Il y a, si notre mémoire nous sert bien,

deux sous-gouverneurs, quinze régents et trois censeurs de la banque. Le conseil d'escompte est composé de quinze membres *choisis par les régents*. La durée de ces fonctions est de six années.

Tout régent doit avoir cinquante actions en son nom. Quoique l'on puisse éluder le but de cette disposition, en empruntant tout ou partie de ces actions, au moyen de certains arrangements. Il nous semble d'abord que, sans vouloir faire de l'administration de la Banque une république, l'on pourrait, sans inconvénient pour les principes conservateurs de cette institution, et avec avantage pour le commerce, but principal de l'établissement, réduire à vingt-cinq le nombre d'actions né- cessaires pour être régent.

L'expérience démontre que l'exercice pro- longé de diverses fonctions y rend ceux qui les occupent moins propres et moins actifs, par la pente naturelle de l'esprit humain vers le repos , et par le dégoût qui naît de l'uni- formité d'occupations.

Pourquoi, au bout de cinq années, les *régents* ne seraient-ils pas débarrassés du poids de leur *régence*, et ne céderaient-ils pas leurs dignités à de nouveaux élus, sauf à pouvoir être réélus eux-mêmes, après cinq années de repos?

De deux choses l'une, Messieurs de l'*état-major*, ou vos fonctions sont une charge, ou elles sont un avantage. Dans le premier cas, il n'est pas juste que vous les supportiez *inamoviblement;* dans le second, il ne l'est pas davantage que vous en profitiez seuls.

Ce système peut contrarier, à la vérité, le projet que l'on suppose à l'*état-major*, de faire rendre une loi pour autoriser la *réélection indéfinie* de ses membres, c'est-à-dire, l'*inamovibilité* que nous avions devinée sans nous en douter ; mais le commerce de la capitale s'en consolera, par l'espoir que ses notables pourront entrer dans le *sanctuaire* du temple de la finance.

Il est encore vrai que cette modification obligerait à en faire d'autres sur certaines listes secrètes qui servent de guides pour l'escompte, et le réduisent ou l'augmentent au gré de Messieurs de l'état-major.

Il faut également avouer que Messieurs de l'état-major n'auraient plus la facilité de ranger à leur gré, comme ils le font, sur ces listes, les banquiers et les commerçants de Paris en plusieurs classes, de manière que telle maison de banque ou de commerce , qui est de première ligne , se trouve placée, sans le savoir , dans une inférieure à toutes celles de Messieurs de l'*état-major* , qu'elle égale ou surpasse en crédit.

Tout cela est vrai, mais nous sommes dans le siècle des idées libérales, et il faut bien concilier les intérêts modernes avec les intérêts anciens, en finance comme en politique.

Il est un autre objet non moins important que ceux qui viennent d'être traités.

L'*état-major* de la Banque paraît avoir décidé qu'en demandant une loi pour sa *réélection indéfinie*, on profiterait de la circonstance pour se faire autoriser à *diminuer le capital de la banque de 20 millions par la suppression de vingt mille actions, et à répartir le fonds de réserve entre les actionnaires actuels.*

Sentinelles, prenez garde à vous !

Il semble qu'ici Messieurs de l'état-major, qui crient si fort à la désorganisation, deviennent les premiers et les seuls *désorganisateurs*. Ils répondront que la loi à intervenir les met à l'abri de ce reproche. Oui, quant à la forme, mais au fond, non.

Ils *désorganiseraient* réellement la Banque par deux opérations qui la priveraient de vingt mille actions au capital

de. . . . . 20,000,000 fr.

Et d'un fonds de réserve disponible, que l'on évalue à 16,000,000

____

Total enlevé à la banque. . 36,000,000 fr.

La base de la Banque est son capital ; diminuez-le, et vous diminuez nécessairement et sa garantie et les services qu'elle peut rendre au commerce de Paris, objet principal de son institution, et au Gouvernement, ce qui intéresse la France entière.

Le fonds de réserve est une précaution trop importante pour le public, pour qu'il ne s'intéresse pas vivement à sa conservation, et qu'il ne fasse entendre au Gouvernement et aux Chambres le cri d'alarme :

Sentinelles , prenez garde à vous !

Lorsque les billets de la banque éprouvèrent un moment de discrédit, quoique la cause ne dépendît pas entièrement d'elle, si elle eût eu un fonds de réserve tel qu'elle en a un aujourd'hui, le discrédit n'aurait pas eu lieu.

(15)

Gardez, Messieurs de *l'état-major*, gardez précieusement ce fonds sacré.

Il serait sans doute fort commode pour vous de vous rembourser ainsi d'une partie de vos capitaux sans diminuer, du moins sensiblement, le dividende de vos actions, mais le public qui a dans ses mains 90 à 100 millions de vos billets, qui en a quelquefois une somme plus forte encore et qui n'a pas d'actions, veut être assuré que, dans tous les temps, dans tous les cas possibles, vos billets seront acquittés à présentation et qu'on ne limitera jamais, comme cela eut lieu un moment, le nombre des billets à rembourser journellement.

Il faut au surplus rendre justice à l'adresse avec laquelle l'état-major a conduit cette affaire. Il a commencé par acheter sans bruit et dans un moment de stagnation les vingt mille actions qu'il voulait retirer, et aussitôt son opération faite, il a fait subitement remonter le prix des actions restantes. Bien joué !

Nous avons dit plus haut qu'en conservant intégralement son capital et son fonds de réserve, la Banque serait à même d'aider le Gouvernement ; cette considération est d'un grand poids dans les circonstances présentes, et la Banque de France ne ferait à cet égard qu'imiter l'exemple patriotique de la Banque d'Angleterre.

Ce n'est pas que nous pensions que notre Banque doive être à la disposition du ministère. Nous croyons au contraire que son indépendance peut seule conserver son crédit et son existence. Notre opinion est que dans les services qu'elle peut rendre au Gouvernement, elle doit prendre toutes ses sûretés, et que ces précautions ne doivent céder à aucune considération.

Mais aussi long-temps qu'un ministère qui a 8 à 900 *millions de revenu* à sa disposition, ne saura pas trouver le moyen de faire un service de pareille somme, sans se passer du secours d'une banque qui, avec 90 *millions* de capital fait un service de 5 à 600 millions et plus, nous regarderons cet établissement comme important pour le Gouvernement, par la raison que l'appui, même le plus faible, devient nécessaire au convalescent qui n'a pas encore recouvré l'usage de ses jambes.

En dernière analyse, la Banque est un établissement utile au commerce de la capitale et qui peut l'être au Gouvernement ; ses opérations sont généralement bien conçues et habilement exécutées; mais son utilité peut s'étendre considérablement par la suppression de divers abus notoires qui , pour la plupart, ont leur source dans son *état-major*. Nous les avons indiqués avec les moyens que nous croyons propres à les corriger. Nous considérons la distribution du fonds de réserve comme dangereuse pour le public et pour la Banque elle-même : enfin l'extinction de vingt mille de ses actions et la diminution de son capital nous paraissent être diamétralement opposées au but de son institution. Le commerce de la capitale, qui aujourd'hui a tant d'influence sur celui de la France entière, attend pour se relever que la Banque donne plus d'extension à ses opérations au lieu de les restreindre. Il serait d'ailleurs indispensable, dans le cas où la Banque diminuerait son capital, qu'elle diminuât aussi l'émission de ses billets; or il est démontré qu'ils suffisent à peine aujourd'hui , malgré l'embarras des circonstances, aux besoins de la circulation dans Paris; besoins qui s'étendront chaque jour et par là juste confiance qu'inspire cet établissement et par l'activité que le commerce reprendra.

Si jadis le cri des oies sauva le Capitole, de

nos temps la voix d'un citoyen peut être utile à ses compatriotes, et tel est notre espoir en criant :

Sentinelles, prenez-garde à vous!

DES EMPRUNTS DE L'ÉTAT.

C'est un assez grand malheur qu'un état soit obligé d'avoir recours à des emprunts, puisque cela prouve que ses dépenses excèdent ses revenus, pour qu'il cherche du moins à négocier ces emprunts de la manière la moins onéreuse.

Le système représentatif véritable, celui dont nous jouissons depuis *la loi sur les élections*, et le crédit qui en est la conséquence, sont encore si nouveaux pour nous, qu'il n'est pas surprenant de voir quelqu'incertitude dans l'allure du ministère en politique et en finances.

Il y a si peu de rapports entre la marche que doit suivre le ministère d'un empereur, d'un roi et de tout prince absolu, et celle du ministère dans un Etat représentatif, que l'indulgence est justice à l'égard des erreurs du nôtre jusqu'à ce moment ; mais, comme chaque jour mûrit notre expérience, chaque jour aussi la France a droit d'attendre des ministres du roi une amélioration dans leur administration.

De tous les moyens de remplir le déficit annuel, causé par des événements au-dessus de toute prévoyance humaine, le plus simple et le plus commode est sans doute celui adopté, pourvu que l'on ne fasse pas du grand livre une planche aux assignats. Nous sommes rassurés à cet égard par cette loi salutaire qui assure à la France des députés ayant intérêt et capacité pour arrêter ou prévenir les grands abus, et par la charte qui confie spécialement à la Chambre de nos Députés la formation du budget.

Il ne nous reste donc qu'à nous occuper des moyens les plus propres à obtenir des prêteurs les conditions les moins désavantageuses. Il est certains préjugés nationaux que les esprits sensés doivent chercher à détruire.

On s'est généralement beaucoup trop récrié sur la part que le ministère a laissé prendre à des capitalistes étrangers dans nos premiers emprunts. *L'argent n'a pas de patrie:* il est telle situation où un Etat doit désirer d'attirer les capitaux étrangers; cette situation se manifeste par les besoins que son agriculture, ses fabriques et toutes les branches de l'industrie y éprouvent. Telle était notre position lors de nos premiers emprunts. Le ministère ne nous paraît donc pas avoir mérité les reproches que la voix publique lui adressait à cette époque.

L'expérience a prouvé, d'ailleurs, que les dangers que l'on redoutait de la part de ces étrangers, étaient sans fondement; notre crédit public s'est amélioré constamment depuis ces emprunts.

Mais le devoir du ministère nous paraît être de suivre attentivement les progrès de l'industrie et de la prospérité de l'Etat, et de réserver *aux seuls Français* les opérations de ce genre, lorsqu'il a la certitude que les capitaux qu'elles exigent peuvent, sans inconvénients, recevoir cette application. L'art des banquiers et des capitalistes est un art qui a ses difficultés et ses ressources. Peut - être serait-il à désirer que les hommes appelés à diriger nos finances, en eussent fait une étude pratique.

Il s'est trouvé des Colbert et des Sully qui n'avaient pas fait cet apprentissage; mais les Colbert et les Sully sont rares, et, de plus, ils étaient ministres de rois absolus ou à-peuprès, et nous vivons aujourd'hui sous un régime différent, Dieu merci.

Nous avons offert, dans le chapitre sur la Banque, un exemple qui nous paraît devoir frapper tous les esprits, et que voici :

Notre ministère, avec 8 à 900 millions de revenus, est toujours dans la perplexité pour faire un service de pareille somme ; et la Banque de France, avec un capital de 90 millions, en fait un de 600 millions, et pourrait l'étendre davantage encore.

Les conseils et l'exemple des personnes livrées à cette branche d'industrie, devraient donc être recherchés et pesés avec scrupule par le ministère.

Tout le secret, au surplus, nous semble consister à gérer les finances publiques, comme celles privées, et c'est parce qu'on s'est toujours éloigné de ce principe, que l'on nous paraît avoir constamment erré.

Les emprunts font maintenant une partie importante des finances publiques. L'Etat à cet égard a un avantage sur les particuliers, celui des adjudications au *rabais.* Ce moyen, qui consiste à mettre les intérêts des prêteurs en opposition entre eux, est, sans contredit, le plus efficace : pourquoi ne pas l'employer ?

Qu'à chaque emprunt ou négociation, le public soit informé que les conditions en sont déposées au secrétariat du ministère des finances, et l'on verra se former des compagnies françaises, dont la concurrence tournera au profit de l'Etat (1).

Lors de nos premiers emprunts, l'espèce de clandestinité qui leur a été donnée, l'ignorance où le public était des conditions du Gouvernement, a empêché des maisons importantes d'y prendre part ; qu'en est-il arrivé ? C'est qu'ils ont été onéreux au Gouvernement, et que, lorsque ces maisons se sont adressées à ceux qui les avaient souscrits, les unes n'ont obtenu qu'une partie de leurs demandes, les autres n'ont rien obtenu du tout.

Obvions à ce double inconvénient par la publicité, et l'Etat et les particuliers y gagneront également.

Nous sommes convaincus que cette obser-

---

(1) On nous assure qu'une compagnie du commerce de Bordeaux vient de faire des offres de ce genre au Gouvernement.

vation suffira, et que nous n'aurons pas besoin
de nous écrier à ce sujet :

Sentinelles, prenez garde à vous !

DES PRINCIPAUX BANQUIERS ET CAPITALISTES DE PARIS ET DE LA COMPAGNIE ROYALE D'ASSURANCE.

La Banque, comme toutes les autres branches de l'industrie française, a pris des accrois-
sements considérables depuis notre révolution,
où tout n'est pas mal, quoi qu'on en dise. Paris
sur-tout, devenu l'asyle de négociants et de
capitalistes de tous les points de la France et
de l'étranger, Paris est devenu la capitale du
commerce et de la banque, comme il l'était
du royaume entier, sous les autres rapports.

La banque sur-tout a pris un essor rapide ;
les besoins de nos gouvernements, nos con-
quêtes, nos revers, la direction générale des
esprits et des capitaux vers l'industrie, ont
rendu son existence nécessaire au commerce,
utile aux gouvernements et fructueuse pour
elle-même. Des fortunes considérables se sont
élevées tout-à-coup ; l'espèce de considération
qui accompagne la richesse, est venue donner
un nouveau lustre à cette branche d'industrie,
et l'on peut dire aujourd'hui que la banque

tient le premier rang parmi toutes les autres professions de nos cités.

Il est d'une grande importance pour elle, et il n'est pas indifférent pour le public qu'elle ajoute à cette considération, celle plus solide, qui tient aux lumières et à la délicatesse de ceux qui s'y livrent. Déjà plusieurs d'entre eux l'ont obtenue, et il suffit de parcourir les noms de nos députés et ceux des banquiers de la capitale et de nos villes de commerce pour en acquérir la preuve.

Cependant il est difficile à l'homme de modérer ses désirs.

Autant l'émulation est noble et utile, autant les rivalités rétrécissent les esprits, excitent les haines et nuisent également à ceux qui s'y abandonnent, et à ceux qui en sont l'objet.

Placés par notre position hors de la sphère du négoce, mais ayant des relations avec ceux qui s'y livrent, nous croyons avoir remarqué ces rivalités dans la banque et le haut commerce de la capitale. Quelques petites ligues paraissent s'être organisées au moins tacitement, et comme l'intérêt personnel parle toujours assez haut, ceux qui les forment paraissent s'être parfaitement entendus.

Elles sont nuisibles à l'intérêt public pour qui la meilleure garantie est dans la concurrence.

Ces réflexions nous sont suggérées par ce qui se passe au sein de la ville de Paris. On y voit un certain nombre de maisons importantes, maîtresses de toutes les grandes affaires, qui se réunissant toutes les fois qu'il s'en présente de nouvelles, n'y admettent que celles des autres maisons qui leur conviennent, et s'y réservent la part qu'il leur plaît d'y conserver. Leurs moyens pécuniaires, l'étendue de leur crédit, étant de puissants moyens de succès, il en résulte que tous les bénéfices s'accumulent dans les mêmes mains, tandis que les autres maisons languissent dans une pénible oisiveté. Cet état de choses est contraire à l'équité, il est contraire au bien général.

L'industrie doit sans doute avoir la plus grande latitude; mais n'est-ce pas la circonscrire que d'en restreindre les avantages à un petit nombre de personnes qui possèdent déjà d'immenses fortunes?

Parcourez les noms des principaux actionnaires et fonctionnaires de la Banque de France, des maisons de banque et de commerce particulières à Paris, au Hâvre et dans les principaux ports ; des actionnaires des compagnies d'assurances ; comparez-y ceux des prêteurs au gouvernement, des intéressés dans les grandes affaires de tout genre ; et vous retrouverez sans cesse les mêmes individus.

Nous en connaissons plusieurs qui méritent, sous tous les autres rapports, l'estime et la considération publiques, par leurs talents, leur patriotisme et leur moralité ; nous les adjurons, à tant de titres, de mettre des bornes à leurs spéculations, non pas en y renonçant, leur présence y est utile, mais en laissant des maisons d'un ordre inférieur y prendre part. Leur récompense, ils la trouveront en eux-mêmes, et dans la considération et la reconnaissance de leurs concitoyens.

Ces motifs nous dispenseront du cri :

Sentinelles, prenez garde à vous!

Puisque nous avons nommé les compagnies d'assurances, nous terminerons ce chapitre par quelques observations sur la compagnie royale établie rue de Richelieu.

Cet établissement nous paraît avoir un vice radical dans une entreprise qui a pour objet d'assurer contre ce qu'il y a de plus incertain ; les incendies et les tempêtes : *C'est le défaut d'un fonds de réserve* (1).

Un heureux hasard a voulu que cette compagnie ait éprouvé peu de pertes par l'effroyable ouragan du 21 octobre 1817, qui a ravagé les Antilles, et englouti tant de navires; mais si cette compagnie eût assuré ces navires, comme cela eût été possible, si un fléau semblable venait à se renouveler ; le capital de cette compagnie serait insuffisant pour rembourser ces pertes. Cependant dans la vue sans doute de répartir de forts dividendes aux actionnaires actuels, et de faire hausser le cours de ses actions, l'*état-major* de cette compagnie (car où n'y en a-t-il pas), s'est empressé de distribuer, à ceux qui en sont porteurs, *la totalité* de ses premiers bénéfices. Cette opération a effectivement fait presque doubler la valeur de ses actions. Qu'ont fait les premiers intéressés, du moins partie d'entre eux ? Ils ont vendu la moitié de leurs actions, se sont ainsi remboursés de la totalité de leur mise de fonds; et aujourd'hui, tranquilles dans

____

(1) Il y en a bien un nominal, mais il est partiel et faible, ce qui le rend à-peu-près nul.

leurs comptoirs, ils bravent les tempêtes et les incendies qui peuvent bien diminuer leurs bénéfices, mais jamais leur faire éprouver des pertes.

Sentinelles, prenez garde à vous !

C'est à l'opinion, c'est aux Chambres, c'est sur-tout au Gouvernement à veiller pour les assurés sur les *assureurs*. C'est à lui à exiger que sur leurs bénéfices, ces derniers établissent un *fonds de réserve* qui garantisse les intérêts du commerce et des propriétaires.

Ces intérêts *exigent* encore que d'autres compagnies de cette nature se forment dans nos villes. Elles offriront le moyen de *diviser les risques sur les assureurs,* et cette considération nous fait voir avec plaisir la formation à Paris de plusieurs compagnies de ce genre, qui paraissent avoir pour chefs des hommes dont les noms sont estimés dans le commerce et partout ailleurs; et qui, nous l'espérons, formeront *un fonds de réserve.*

Maintenant notre tâche civique est remplie à cet égard.

DES AGENTS DE CHANGE.

Le temps dénature tout.

Lorsque l'on créa des *agents de change,* ce

fut pour faciliter la négociation des effets de commerce et régler le cours des *changes* : aujourd'hui le *change* est la chose dont s'occupent le moins les *agents de change*. Un seul à Paris s'y livre presqu'exclusivement, et deux ou trois autres seulement sont en état de faire les opérations de ce genre qui exigent des connaissances particulières.

Il est à remarquer que les Juifs, auxquels on est redevable de l'utile invention des lettres de change, ont continué jusqu'actuellement de s'adonner spécialement aux spéculations sur les changes. Sur ce point comme sur les autres, ils ont montré cette opiniâtre persévérance qui les distingue parmi tous les peuples de l'univers. Dans les places de commerce les plus importantes de l'Europe, à Londres, à Amsterdam, à Hambourg, les maisons juives sont exclusivement chargées de régler le cours des changes : juste hommage rendu aux auteurs d'une découverte devenue la base principale du commerce.

Si les agents de change de Paris ne s'occupent plus de change, ce n'est pas que cette ville néglige cette branche d'industrie ; elle s'y est au contraire étendue avec la Banque dont elle forme une des attributions ; mais les agents de change l'abandonnent aux courtiers et à cette foule d'hommes appelés *marons* , qui chaque matin parcourent à pied ou en cabriolet tous les quartiers de Paris pour solliciter humblement les ordres des maisons de banque de la capitale.

Ce superbe dédain de la part des agents de change, provient de ce qu'ils ont maintenant un champ plus fertile à moissonner. Depuis que les embarras des finances de l'Etat l'ont obligé de créer des rentes, d'émettre divers effets à époques, et d'ouvrir des emprunts avec la faculté de négocier ces objets à la bourse, les agents de change ont eu à exploiter une mine d'autant plus riche pour eux qu'il faut à-peu-près s'en rapporter à leur bonne foi sur les achats comme sur les ventes :

Sentinelles , prenez-garde à vous !

Comment se fait-il qu'une profession qui a continuellement à sa disposition la fortune de l'Etat et celle des particuliers, soit précisément celle dont les opérations offrent le moins de garantie.

Nous avons attentivement suivi la Bourse de Paris, et nous y avons acquis la conviction qu'il est impossible au public , même à la partie qui y assiste, de pouvoir s'assurer du cours véritable des ventes et des achats. Seulement, des observateurs attentifs sont parfois témoins de quelques maladresses; aussi les habitués de ce temple de la fortune et de *l'infortune*, connaissent-ils les acteurs de ce théâtre, et placent-ils leur confiance dans ceux qui la mé-ritent le mieux, sur lesquels encore ils ont continuellement l'œil et l'oreille tendus, car la confiance est une belle chose.

Cependant si dans le siècle *d'or* où nous vivons, on doit être surpris de quelque chose, c'est que parmi des hommes auxquels il faut entièrement s'en rapporter sur des opérations aussi délicates, il s'en trouve un si grand nombre dont la délicatesse ne soit pas même soupçonnée.

Ce n'est pas aux hommes, au surplus, qu'il faut s'en prendre, mais à l'institution qui livre le public et le Gouvernement à la merci de quelques hommes exposés journellement à des tentations si séduisantes. Nous appelons à cet égard l'attention du ministère et celle des particuliers; mais en attendant que l'on trouve le moyen de garantir l'exactitude des cours d'achat et de vente, nous allons présenter un *palliatif* à cet égard.

Sans vouloir examiner si le mystère dans lequel on enveloppe, non sans dessein peut-être, les opérations de Bourse, est une chose nécessaire quant aux noms des vendeurs et des acheteurs, il nous semble du moins qu'il n'y a nul inconvénient à ce que les *bordereaux des agents de change contiennent les noms de ceux de leurs confrères dont ils ont acheté, ou auxquels ils ont vendu.*

Cette précaution n'arrêtera probablement pas tous les abus, mais elle en préviendra beaucoup. Supposons en effet, ce qui certainement n'est pas probable, que, parmi les agents de change, il s'en trouve qui aient le malheur de se tromper en plus sur le cours des achats, et en moins sur celui des ventes; supposons encore que des clients soupçonneux veuillent s'assurer de l'exactitude de leurs bordereaux, ils pourront au moyen des noms des agents de change auxquels les leurs auront vendu ou acheté, vérifier et redresser au besoin les bordereaux; il est vrai que si les deux agents de change étaient sujets à la même erreur, les pauvres clients se trouveraient désapointés. Mais, comme nous l'avons observé plus haut, il se rencontre dans cette compagnie un grand nombre d'hommes que l'on sait être préservés de ces *erreurs* et dont les *carnets* méritent toute confiance.

Enfin ce moyen sans préserver de toutes les erreurs, en préviendrait ou en découvrirait un grand nombre. Cette raison nous paraît suffisante pour motiver son adoption jusqu'à ce que l'on trouve mieux.

Au surplus si, comme des malins le prétendent, il se trouve des agents de change qui s'attribuent un droit illégal, tous sont dans l'usage de modérer leur droit *légal*. La loi le fixe à 1/4 pour cent, et celui généralement prélevé par eux est de 1/8 et même au-dessous, ce qui prouve assez que le droit a été porté trop haut par la loi.

L'on pourra dire qu'il est inutile de s'occuper de cette réduction puisqu'elle a lieu par le fait.

Cette réduction a lieu pour les personnes qui font de fréquentes affaires de Bourse ; mais pour les autres qui ignorent cet usage, elles paient le droit en entier, et c'est en leur faveur que nous réclamons cette réduction par une loi ou ordonnance. D'ailleurs il est désagréable pour les parties comme pour les agents de change de *marchander*, et cette rectification fixerait les droits des uns et la dette des autres. Néanmoins il paraîtrait juste de laisser le droit à 1/4 sur les opérations qui ne s'éleveraient pas à une somme déterminée ; car le travail est le même quel que soit le montant de la négociation.

Nous allons présenter une observation d'un ordre plus élevé.

Dans le chapitre relatif aux emprunts, nous avons dit que l'indulgence était justice à l'égard du ministère, parce qu'il entre dans une route nouvelle pour lui, la route constitutionnelle ; mais il est des faits tellement graves, qu'alors l'indulgence serait coupable ; voici l'un de ces faits.

Le nombre des agents de change, fixé par une loi, n'avait pas été complété jusqu'ici. Cette compagnie avait intérêt à ce que les choses restassent dans cet état pour répartir ses bénéfices entre un moindre nombre d'agents. Cependant l'accroissement des négociations, les réclamations qui s'élevaient à cet égard, et peut-être aussi le désir de favoriser des protégés, viennent de déterminer le Gouvernement à compléter les agents de change par la nomination de huit personnes à ces emplois.

Le roi, en vertu de sa prérogative, a accordé des brevets à huit des aspirants à ces places; jusqu'ici tout paraît régulier; mais voici ce qui ne l'est pas.

Le cautionnement de chaque agent de change est fixé à la somme de 125,000 francs qu'il dépose et dont l'état lui paie l'intérêt.

Cette création est donc réellement une levée d'impôt, puisqu'il faut que l'état paie les intérêts annuels *d'un million* déposé dans ses coffres par les nouveaux élus? Cette marche nous paraît entièrement contraire à la lettre et à l'esprit de la charte, qui veut qu'aucune somme ne puisse être levée sans le consentement officiel de la Chambre des Députés.

Il est de la plus haute importance d'arrêter cet abus à sa source. En effet, de quel danger ne serait-il pas que le ministère pût, à son gré, éluder cet article si important de la charte, en se procurant, par cette voie détournée, des fonds dont la nécessité ne serait pas reconnue par la Chambre, qui seule a le droit de la constater? L'on verrait bientôt recréer, sous divers prétextes, les anciennes charges qui existaient pour la plupart des professions; ou, ce qui reviendrait au même, les cautionnements seraient multipliés. Par cette tactique, le ministère saurait se soustraire à la surveillance et à l'autorité du pouvoir qui en a été investi par la charte.

Sentinelles, prenez garde à vous!

Si l'on tolérait une violation aussi manifeste de la charte et du droit de la chambre des Députés, ce serait fait du système représentatif.

Français! le vote de l'impôt par vos députés est la garantie principale de tous vos droits. C'est la seule digue qu'ils puissent opposer au besoin aux entreprises du ministère, sur quelque partie que ce soit. Avec la loi des élections et le vote des impôts par les députés, la France n'a rien à redouter. Si l'on sape une de ces deux bases du système représentatif, il s'écroule tout entier.

Il est du devoir des députés de conserver précieusement ces deux droits fondamentaux, ils ne peuvent s'en montrer trop jaloux : les destinées de la France y sont attachées.

Vainement on pourra dire que le ministère légalise cette levée d'argent en en portant les intérêts sur le budget.

Le ministère n'avait pas le droit de faire verser au trésor des sommes qui deviennent

un impôt par les intérêts annuels qu'ils né-
cessitent; il y a plus, elles ne produiraient
pas d'intérêts que les ministres du roi auraient
encore outre-passé leurs droits. *Aucune somme,
autre que celles autorisées par la loi du budget, ne doit, ne peut être perçue.*

Vous ne pouvez trop, ô compatriotes ! vous
pénétrer de cette vérité; elle est la garantie
de vos travaux, de vos propriétés, de vos
droits; ne souffrez pas que qui que ce soit
exige de vous des sommes qu'il n'a pas le
droit de vous demander. Le temps de l'anar-
chie, le temps de l'arbitraire, ne sont plus.
Nous vivons sous le règne de la loi; obéis-
sons-lui quand elle a parlé; mais roidissons-
nous contre ceux qui la violent ou l'outre-
passent; soit qu'ils s'appellent ministres, soit
qu'ils s'appellent préfets, soit qu'ils dirigent
la force; déférez leurs entreprises aux Chambres, aux défenseurs de nos libertés; mais
soyons-en nous-mêmes les gardiens vigilants,
et crions tous au moindre danger :

Sentinelles, prenez garde à vous !

Après avoir appelé l'attention sur cet écart
ministériel , d'autant plus dangereux qu'il
paraît peu important en lui-même, nous fé-

licitons les huit protégés élus sur la libéralité du Gouvernement à leur égard.

Moyennant 125 mille fr. , chacun d'eux occupe une place qui, d'après le prix des dernières vendues, vaut 3oo mille f. ; peut-être dans un temps où les finances publiques sont obérées, et où les impôts , portés à leur *maximum*, ne peuvent suffire à l'acquittement de nos charges, le ministère aurait-il pu demander aux Chambres d'être autorisé à faire verser par les nouveaux agents , sinon la totalité des 3oo mille fr., du moins une somme plus forte que le cautionnement.

On ne peut supposer que l'excédant du cautionnement soit le prix de la clientelle de la charge vendue; cet état exigeant une confiance personnelle , et qui ne peut se transmettre. Bien rarement les clients du vendeur restent ceux des acquéreurs : par conséquent *l'observation subsiste*.

Parlons maintenant d'un objet dont l'intérêt est plus général et plus durable, du mode du choix des agents de change; ce choix intéresse particulièrement la banque et le commerce.

Nous proposons que ces deux professions

concourent au choix des agents de change. Un *jury* choisi dans la classe des banquiers et notables commerçants pourrait prononcer sur le choix de ces agents, après qu'ils auraient obtenu l'agrément de leur compagnie, et ce serait après ces formalités que les nominations seraient soumises au Roi. Consultons en toutes choses ceux qu'elles intéressent le plus, et elles en iront mieux.

Il nous resterait bien des observations à faire sur la profession des agents de change. Nous pourrions examiner pourquoi ces emplois, qui n'exigent presque aucune étude spéciale, sont limités dans leur nombre, et pourquoi les citoyens ne peuvent, à cet égard, avoir la liberté d'exercer cette profession en déposant leur cautionnement.

Nous pourrions discuter la fameuse question de l'utilité des *marchés à terme* ; jeu funeste qui ruine tant de pères de famille, et qui n'enrichit que Messieurs les agents.

Nous nous bornerons, quant à présent, a indiquer ces objets à la méditation du public, des Chambres et du Gouvernement.

Heureux ! si nos réflexions peuvent contribuer à donner au public quelques garanties contre l'arbitraire qui existe dans les négociations de la Bourse; garanties qui intéressent le Gouvernement lui-même. Ainsi donc,

Sentinelles, prenez garde à vous !

FIN.

De l'Imprimerie de CELLOT, rue des Gr.-Augustins, n° 9.

9 782013 240819